우주 악보

지성.감성의 메타언어
조선문학사시인선.936

우주 악보

박 선 희 시집

조선문학사

■ 하서(賀書)를 대신해서 / 무성시(無聲詩)- 다듬이돌

* 서예가, 습정(習靜) 양선덕, 제49대 신사임당 상(像) 추대.

■ 하서(賀書)를 대신해서 / 무성시(無聲詩) - 호박

■ 시인의 말

　새벽의 색은 희미하다. 동이 틀 것 같기도 하고, 땅거미가 내리는 것 같기도 하다. 하루의 시작 전, 모호한 어둠이 적막하다. 팽팽하지도 느슨하지도 않은 새벽의 기도를 나는 갈망한다.

　공기 중에 떠도는 먼지처럼, 나는 새벽마다 찬바람따라 헤맨다. 그 알 수 없는 방황이 내가 날마다 묵묵하게 걷는 이유이다. 밤하늘의 별처럼, 반짝거리는 삶을 지그시 바라본다. 고요 속 나의 울림을 바라본다.

　나의 시가 누군가의 가슴속에 작은 울림으로 전해진다면 더없는 기쁨이겠다.
　안부를 여쭐 때마다 시인은 시를 써야 한다며 독려를 아끼지 않으신 박진환 교수님이 계셨기에 시를 쓸 수 있었고, 한 권의 시집을 내놓을 수 있었다. 엄마의 그림 청수, 장독대, 다듬이질, 호박 등은 내 시의 영감이 되었다. 내 삶의 선연들, 가족, 거제도 미인 해녀 현홍심 여사님, 딸의 시집을 기다리시는 엄마, 아들 김동현 그리고 언제나 든든한 지원군이자 동반자 남편 김주훈에게 감사의 마음을 전한다.

일하며 사랑하며 살면서,
찬바람이 스칠 때 개밥바라기 별 혹은 샛별과 만나고 싶다.
우주의 악보에 귀 기울이면서.

2024년 여름
박선희 씀

박선희 시집 **우주 악보**   차례

시인의 말 / 4

제1부
비, 바람, 바다, 별

별바라기 / 14
폭풍 / 16
시인의 노래 / 17
실종자를 찾습니다 / 18
숨표 / 19
필 때, 질 때 / 20
봄 is 고양이 / 21
벚꽃우(雨) / 22
가을 / 23
오고, 가다 / 24
파도 타기 / 25
여우 시집가는 날 / 26
수호천사 / 27
홀로 핀다 / 28
찔레꽃 / 29
비 / 30
쑥섬 / 31
가을앓이 / 32
여름의 끄트머리에서 / 33
나무와 별과 울림 / 34

사계 / 35
고요 / 36
고양이 / 37
고양이 눈 / 38
노인대학교 엠티 / 39
봄날은 온다 / 40
어미 새 / 41
커피 타임 / 42
청수 / 43
장독대 / 44
다듬이질 / 45
갯벌과 바닷게 / 46
호박 / 47
눈 내리는 밤 / 48
낙엽 / 49
황금 들녘 / 50
살구 / 51
새벽 / 52
다중의 나 / 53
나뭇가지 / 54
고층 빌딩 / 55
귀를 기울이면 / 56
일곱 살 / 57
탈피 / 58
뿌리 깊은 나무 / 59
발레리나 / 60
허허벌판 / 61
향수 / 62

땅거미의 굉음 / 63

제2부
우주 먼지의 여행

8분 19초 / 66
사람 빨래 / 67
야생화의 독백 / 68
투창 / 69
소나기 / 70
태풍 / 71
외할머니 / 72
냉이 / 73
위로 / 74
유체이탈 / 75
산들바람 / 76
바람 그늘 / 77
상념들 / 78
시골집 / 79
소금 / 80
연꽃 / 81
바라본다 / 82
벚꽃나무 / 83
봄꽃 / 84
봄바람·1 / 85
봄바람·2 / 86
봄바람·3 / 87
봄길 / 88

그루터기 / 89
요술 램프 / 90
사는 이야기 / 91
가을 소묘 / 92
질주 본능 / 93
삶 / 94
인연 / 95
우주 악보 / 96
풀 / 97
우주의 먼지 / 98
톱니바퀴 / 100
지구·1 / 102
지구·2 / 103
코코 / 104
감탄 / 105
점 잇기 / 106
대나무 / 107
석탄과 다이아몬드 / 108

제3부
시집평설

시법과 시법에의 충실 돋보여 - 박진환 / 110

제1부

비, 바람, 바다, 별

별바라기

새벽 4시 30분께
주섬주섬 챙기고
빠른 손놀림으로 화장을 하고
서둘러 현관을 나선다

대문을 열자마자
계주 선수가 돼
바톤 대신 가방 손잡이를 들고
30번 마을 버스를 향해
숨가쁘게 질주한다

마을 버스의 문이 닫히자마자
바톤 패스로 사명을 다한 계주 선수는
헉헉대는 숨을 몰아쉬며
가슴을 쓸어내리고

트랙 아닌
마을버스 차창엔
별들의 계주가

시작되었다

차고, 컴컴한 새벽 속을 달려
아침께로 데려다주곤
돌아섰다

나날들이
어스름하게
내달리는
내 삶의 계주였다

폭풍

바람이 불면
나무들은
머리채를 풀어 산발하고
오도카니 서서
온몸으로 포효한다

바람이 불면
나무들은
한발짝도 내디딜 수 없는
운명에 항거하며
통곡한다

바람이 불면
나무들은
그들만의 수화(樹話)로
포효하고
통곡한다

시인의 노래

미안하다
너의 빛깔과 무게와 향기는
나의 시로 담아낼 수가 없었다

미안하다
너의 존재가 시인걸
시로 밀어 넣을 수도
시로 소리낼 수도
시로 형상화할 수도 없었다

미안하다
낙엽 하나로 가을의 무게를 계량할 때쯤이면
시는 가을이 되고
가을은 시가 되어줄 수 있을지

실종자를 찾습니다

세월에
밀려 오고 쓸려 가다가
문득 수면 위로 떠오른
실종자

주인 잃은 강아지처럼
가슴이 짖어대고 있다

물거품처럼 점점 멀어지는 기억을 붙잡고
망망대해에서 울부짖는 파도의 메아리

실종자를 찾습니다

숨표

너의 웃음소리를
민들레 홀씨처럼 불어본다

한 번 더 불어본다
너의 목소리

새벽 하늘 풍경에
한숨을 칠한다
한 번 더 덧칠한다

굴뚝 연기처럼
훈김 솔솔 피어오르는
커피 향
그래, 됐다

필 때, 질 때

꽃은 두 번 핀다

한 번은 생명으로 꽃잎 할 때
또, 한 번은 낙화로 꽃잎 할 때

필 때, 질 때

죽음으로써 삶을 건져 올리는
개화와
낙화

봄 is 고양이

꽃잎은 눈부시는데
설레발치는 바람이 온몸을 후비는데

가만히 들여다 보면
가슴이 시려오는
봄

알 수 없는
너

봄 is 고양이

벚꽃우(雨)

서늘한 햇빛 틈새로
지는 벚꽃잎이
화우(花雨)로 내린다

몸은 한 방울도 젖지 않는데
가슴이 젖는다

젖지 않고도
젖는
비가 아니면서도
적시는

꽃잎으로 적시면
낙화(落花)
낙화로 적시면
화우(花雨)

가을

남몰래 숙성시켜
간직했던 잎의 숨결
황금 조각들을
미련 없이 내려 놓는다

비워내고, 비워내어
영혼으로 무게하는
한 잎 낙엽의 중량

낙엽 속에는
가을의 결실
가을의 무게가 들어 있다

오고, 가다

오는 봄
가는 가을
계절 사이를
오고 가는
사람들

뒤돌아서서 바라본다
꾸욱 눌러 찍은
낙엽 발자국들은
흔적이 없다
어디로 갔을까?

잎을 떨군 채,
가지만 남은 플라타너스
하늘을 향해
잎새들의 행방을 묻고 있다

파도 타기

Only one 태양
Only one 바람
Only one 파도와 나
Only one 찰나의 즐거움
Life is riding my waves

여우 시집가는 날

장대비가 죽창처럼
쉼없이 꽂히면서
희붐한 안개 커튼이 가린 듯
물줄기를 쏟아냈다

포효하는 하늘이
천지를 흔드는 노여움

이내 감도는 적막 속
해무리

여우의 혼례식이 치러졌던 것일까
잔치가 끝난 막장의 고요가
빗줄기를 몰아냈다

수호천사

느티나무 그늘이
시나브로
다가오고 있다

흐드러진 그늘의
서늘한 빛깔과
서늘한 향기

때때로 마주하는
은은하게 비추는 달빛과
밤에 마주하는 별빛
만질 수 없는 한 줄기 바람
주룩주룩 하염없는 비로 적셔
얼굴을 닦아내는

삶의 빛깔 그리고
향기 그윽한
나의 수호천사

홀로 핀다

불어온 바람에
홀로 나부끼는
세련미가 고독하다

파르르 떨다가
장대비에 흠뻑 젖은
날개에
이슬이 맺혀 있다

한 줌 흙으로 생명하면서도
향기를 뿜어내는 생의 순수가 맑다

홀로 피었다 홀로 지는
우연
내 숨결로 피어나는
필연

찔레꽃

향기로 말하는
찌를레

독가시 세워
향을 터뜨리는

붉은 피 대신
하얗게 내뿜는
찔레꽃

비

창문을 두드리다가
현관을 노크하다가
돌아서는
외발로 왔다가는
비

커피 한 잔 앞에 하고
차창 밖으로 보내며
커피향 대신
비의 냄새를 맡아본다

쑥섬

쑥섬
펑퍼짐하게 널려 있는 게으른 볕 카펫 삼아
고양이가 나뒹굴고
들꽃, 길꽃이 무늬로 새겨진 채
오가는 사람들 구경하는
후미진 골목
손짓 인사 주고받으며
샛길과 샛길이 교차하는
그림 속 다락방

가을앓이

가을앓이가 시작됐다

마른 잎이 풍기는
영혼의 냄새
가을이 익어가고 있다

내 영혼도
가을로 영글어 익어가고 싶다
익어 가을의 무게로 고개 숙이고 싶다

여름의 끄트머리에서

가을을 맞기 위해
여름을 보낸다

여름을 보내기로 했을 때
소낙비가 하염없이 내렸다

연록 산의 끄트머리
그 길 위에서
바람 파도 넘실거리는
황금 벌판을 만나고 싶다

안녕, 여름

나무와 별과 울림

별바라기로
지새운 밤

별은 영원에 있었고
울림으로 가 닿기를 바라는
영원은 천상의 길

별은 아스라한
영원의 저쪽

기도로 지새운 밤이
내 영혼으로 가 닿을

사계

가면
오고
오면
가는
사계의 순환

무위의 순환 마차를 타고
순례하는 계절
가면 오고
오면 가는

사계의 연속성으로
맞고 보내고
보내고 맞는
무위의 순례
사계

고요

고요의 깊이를 알 수 없다
어떻게 가늠을 수 있을까

존재의 허무도 깊이를 알 수 없다
알 수 있는 것은 허무 자체

존재와 존재 사이의
틈새의 깊이 또한 알 수 없다

존재와 존재의 이음새인
필연의 눈금만이 알 수 있다

고요
그 깊이에서 척도 되는

고양이

탄력의 힘
그것은 먼 야생의 꿈

한 곳을 계속 응시하는 카리스마는
거대한 몸집의 호랑이를 꿈꾸고 있다

세웠다 감추었다
감추었다 세운 발톱

발톱으로 꿈꾸는
야성의 꿈

그 야성의 경계 태세로
사람을
홀릴 듯 말 듯

고양이 눈

긴장을 풀 때는
아지랑이처럼 희미하게
스르르 감기는 눈이었다가

먹이를 목격했을 땐
전광석화로 빛나는
발광체

야성으로 불 밝힐 때는
독으로 방사하는 탐조등

노인대학교 엠티

바닷바람을 가르며
노인들의 전화 통화가 파도를 탔다

딸아!
아빠 학교에서 제주도로 엠티 간다
잘 다녀올게

딸아! 엄마 제주도에 여행 간다
파이팅!

제주행 여객선은
노인의 주름살 실밥을 풀어
청춘으로 탄생시킨 산실이었다

봄날은 온다

봄은
꽃잎으로 펼쳐 보여주는
봄(see)의 계절

봄(see)의 순리를
보여주기 위해
찾아오는 계절

봄에는
봄(see)
봄날은 온다

어미 새

나의 젖가슴을
평생 내어주고 싶지만

아가야
어른이 돼
드넓고 푸른 창공을
훨훨 날갯짓하며
비상의 꿈을 펼쳐보렴

너를 품었을 때
너의 뛰는 심장이 기억하듯
너는 나의 뛰는 심장을 기억하거라

어미 새의 애틋한 마음과 함께

커피 타임

바다로 도배한 통유리가
잔잔한 파도로 일어선다
일어서서 파도로 출렁거린다

커피잔에 담겨진
뜨거운 바다가
밀려 들어오다가
한숨으로 쓸려간다

한 잔의 커피로
바다를 펼쳤다 접었다
접었다 펼쳤다를 되풀이한다

청수

새벽녘 샛별
빛으로 빛을 닦아낸 별빛이
시리게 빛난다

천상의 아리아
깊은 기도가
가 닿는 정점에 새벽이 머물러
세상은 적막하다

장독대

세상사
매운맛, 짠맛, 단맛, 신맛을
다 품고 긴 밤 홀로 지샌
굵은 허리가
맛의 창고가 된다

대낮의 햇빛에
반짝반짝 윤이 날수록
울컥 쏟아내는 짠내

장독대 항아리 안에는
밤마다 숙성되고 발효되는
손맛과 함께 정이 들어 있다

꼰지발을 디디고
엄마가 그린 항아리
들여다 본다

다듬이질

시골집 툇마루에 앉아
먼 산 바라보듯
밤하늘을 올려다본다

청수 한 그릇 옆에 두고
모시옷 적셔 말고
적막을 난타한다

외할머니의 허전함이
묻어나는
시골집, 별헤는 밤
난타 공연

갯벌과 바닷게

썰물이 가버리고 나면
갈대숲이 이별을 휘젓는다

갯벌에는 바닷게들이
한가로움을 타고 놀다가

발가락 붓끝삼아
개펄 화선지 삼아
삐딱선 하나를 긋다가
세계 지도를 그려 놓는다

바다가 세상의 전부여서

호박

풀섶에 가려 보이지 않는
담벼락에 자리잡고

은은한 달빛 받아
황금 치마폭으로 감싼 궁둥이가
묵직하게 옆으로 퍼진
호박이 익어간다

땅거미가 더듬더듬 내리면서
펑퍼짐한 황금빛 궁둥이

엄마의 호박은
맏며느리의 궁둥이를 닮아 있다

눈 내리는 밤

차고 시린 밤
정적들이 육화(六花)의 꽃잎으로 얼어
분분분 날아온다

작은 창문에서 새어 나오는
아련한 기억 속 노란 불빛이

하얀 눈을 노랗게 금박시켜
황금 조각으로 뿌린다

낙엽

숱한 날들이
우수수 떨어진다

떨어뜨리고 다시
태어나
필사의 투신으로
삶을 건져올린다

낙엽은 가을의 대명사
낙엽이 가을 되고
가을이 낙엽이 되는

황금 들녘

밤새 은하수들이
뿌려놓은

샛노란 노을이
그대로 스며든

황금 들녘

바람을 타고
일렬횡대로
넘실대는

황금 파도의 춤사위

살구

발그레한 아기의 볼에
속삭이듯

소소한 삶과 삶이
녹음 속에서 얼굴을 내민다

그늘 방석 삼아 속삭인
밀어들이 무르익은

살구빛 노을이
시고 단맛으로 물들어 있다

새벽

밤의 파수꾼 달과 별과 가로등이
낮의 파수꾼 해와 임무 교대 준비를 한다

샛별이
밤 배웅하고
새벽 맞이를 하면

집집마다
창문마다
하나 둘
도미노처럼
불이 밝혀진다

어둠에서
건져 올린 세상은
세상 밖으로 나아갈
채비를 한다

다중의 나

거울에 반사된 나
사진 속의 나
타인 속의 나
혼자, 무수히 많은 나

나를 한 번도 제대로 본 적이 없는 나
내 모습이 보고 싶은 나

나뭇가지

움켜쥐었던
농염한 향기와 빛깔

바람이 달라는 대로
한 잎 한 잎 다 내어주고

실오라기 하나 남지 않은
가장 나중 지닌 깊은 슬픔마저
발가벗은 나뭇가지

존재의 가벼움에 흔들리며
춤춘다

고층 빌딩

인파 속을 헤매다
눈앞이 막막해서

한 계단 한 계단
묵묵하게 올라가다가
마주친 고층 빌딩 창문 밖 세상

보물섬 지도처럼 펼쳐져
구획 별 유리 지도를
물끄러미 바라보고 있으면
생각의 물꼬가 트인다
묵묵하게 걷다
바라보면 펼쳐지는
보물 지도

귀를 기울이면

나만이 알 수 있는 반가움으로
환하게 밝히면서 부르더니

나만이 알 수 있는 시간으로 데려가
비단 자리 펴 놓고
이야기들 늘어놓더니

온데간데없는 노을

일곱 살

-엄마, 나 죽어? 안 죽는 방법은 없어?
-엄마, 그러면 나 해골바가지 돼? 나 너무 무서워
-엄마, 엄마도 죽어? 그럼 엄마랑 헤어져?
-엄마, 솔직하게 말해 봐, 나 죽어?

탈피

몸살이 난 날
나는 몸을 빠져나와

세상에게 말을 걸었다

세상살이가 왜 이러냐고

정신이 말했다

아픈 날엔 세상도 아프다고

뿌리 깊은 나무

바람이 뒤흔들고
태풍이 밀어 쓰러뜨려도
흔들리지도 쓰러지지도 않고
내어주는 그늘은 낙원

발레리나

맨발이
문드러지고 문드러져도
발레리나
육체의 언어는
새의 날갯짓처럼
홀홀히 자유롭다

등짐이
휘청거리고 휘청거려도
발레리나
중심의 축은
견고하다

군무 속 독무대
하얀 단어의 꽃잎들이
바람에 감긴다

허허벌판

사정없이 뺨따귀를 갈기는
모진 바람

쉼 없이 투창으로 내려 꽂히는
장대비

허허벌판을 허허로움이
동행해 지나갔다

향수

기억 위를 걷다 보면
너는
바람이고
비이고
눈이고
낙엽이고
꽃잎이었다

땅거미의 굉음

땅거미 내려앉은
무겁지도 가볍지도 않은
그냥 그저 그런 하늘 위로
비행기 한 대가
창공을 가르며
굉음을 뿌리고 지나간다

가만히 듣고 있다가
땅거미 내려앉은
오래된 이야기를
나도 꺼내본다
허공에 흩어지는
굉음과 함께

제2부

우주 먼지의 여행

8분 19초

살면서
가슴 속에 간직한 보석은
시리도록 파랗다

바라본다
하늘, 바다, 나무, 노을, 달, 별 그리고
해바라기 안에도
시리도록 파란 빛이 있다

지구에서 빛의 속도로
가 닿을 수 있는
8분 19초의 별

너를 바라보면서
나와 교감한다

내가 보듬은 네가
내가 사는 우주였다

*8분 19초_태양의 빛이 지구에 도달하는 시간.

사람 빨래

알코올로 씻어낸
사람 빨래

씻어도 씻어도 얼룩투성이로
말려도 말려도 젖어 있다

바람 불고 볕 좋은 날에도
널브러져 있는 축축한 사람 빨래

시간도 장담 못 하는
사람 빨래는
빨랫줄에 허리춤을 매달고 있다

야생화의 독백

길가에 혼자 피어서
오가는 사람들을 구경하곤 해

비에 흠뻑 젖은 날에는 축 늘어졌지
지나가는 행인 중에는 나에게
비를 피하게 해 준 사람들도
아주 가끔 있어

정말 아주 가끔
어떤 사람들은
나를 보고 내 향기와 빛깔을 칭찬했어

그리고 정말 아주 가끔
그 사람들이
오히려 나를 꺾을까 봐
두려웠어

어두운 밤에 혼자 남겨져도
나는 별을 올려다볼 수 있었어

투창

조금씩 물이 차오르더니
빗금이 하나 둘 그려지더니
쉴 새 없이 내리꽂는 투창으로
가슴의 둑을 무너뜨렸어

가슴은 범람했지만
익사 소식은 없었어

소나기

아지랑이처럼
이글이글 부아가 치밀어
미친 자의 심술이 곧
폭발 혹은 폭파 직전

드디어 메가톤급 폭발이 일어났고
하늘에선
살수차를 공급해 주었다

태풍

바람을 마시고
바람에 취해
나무는 고요 속에서
몸을 가누지 못하고

꾸역꾸역 구겨 넣은
잎들은 입이 되어 굉음을 토해냈다

외할머니

길모퉁이에서
하얀 모시 치마 두르고
손 흔들어 주시던
찔레꽃 당신

흐린 별 하나 올려다보며
시린 얼굴 내맡기고
청수 한 그릇에
온 마음을 바친

숱한 날들의
설움은 희도록 뭉게지고
석양으로 붉게 번진다

오늘도 찔레꽃 향기는
외할머니의 치마폭처럼
하얗게 찌른다

냥이

다가가면 너는 가고
나는 생채기만 남는다

퍼진 노을 그림자처럼
바닥에 널브러져 있다

닫힌 문 앞에는
온몸으로 나를
기다리는

그래서
더 아리게 하는
요물단지

위로

죽죽 쏟아지는
희붐한 빗줄기
머리를 적셔 감겨주고
머릿결을 쓸어주며
고실고실 말려주는
한줄기 바람

유체이탈

시간은 유유자적
흐르고 있었다

분주한 사람들은
무채색이었다

파수꾼 바람은
세상을 정찰하고 있었다

나는 다시
세상에 달라붙었다

산들바람

그날 나는
숨을 쉴 수 없어서 죽을 것 같았어

너는
기적처럼 다가와
숨을 불어넣어 주곤
산들산들
산과 들로 돌아가버렸어

바람 그늘

어디에선가
휴(休) 불어왔다
휴(休) 지나갔다
휴(休) 귀싸대기를 올리고 갔다
속절없이 앉아서 외마디로 응수했다
휴(休)

상념들

뒷모습이 아리는
계속 갈증이 나는
밤하늘의 별과 겹치는
새벽 종처럼 마음을 울리는
도넛처럼 구멍이 뚫린 것 같은
24시간 편의점처럼
소소하게 드나드는 상념들이
비닐봉지에 들려 돌아간다

시골집

바람 한 줄기가 무심하게 찾아와
머리카락을 쓸어넘기며
지난 세월을 불러오면,
묵묵하게 흐르는 시간의 강에 발을 담그고

붉게 물드는 석양을 바라보면서
시골집 외상에 앉아

할아버지가 그랬던 것처럼
꽃 담벼락 너머 들녘을 바라보고 계실
아버지가 그려집니다

소금

뜨거운 태양 아래에서
바다의 노래에 춤추며
지나가는 바람에 날아간다

바다가 아닌
땅 위에 남겨진 하얀 결정들

바다의 노래는 계속 되고
하얀 결정은 땅 위에서
짜고 뜨겁게 눈부시다

연꽃

질펀한 진흙에 뿌리박고
생의 한가운데에 세워본다

암흑 속에서
영혼의 한숨들이 피워낸
인고의 빛깔이
새벽종처럼 파동한다

바라밀다
바라밀다

바라본다

바라본다
바람이 잠잠해질 때까지
바라본다
바람이 멎을 때까지

바라기는 그저 본다
바람을 볼 수 있고
바람은 눈 있어
바라보면
바람의 정체도 보일까

벚꽃나무

연분홍 나비떼들이
연신 날개를 파닥거린다

햇빛에 반사된
뜨겁고 시린 날갯짓에

분분분 날리며
다시 꽃으로 피어나는 낙화

봄꽃

고양이처럼 길섶에 웅크리고 앉아
볕과 놀면서
말 건네오는 행인들에게
화답(花答)하는
꽃 윙크

봄바람 · 1

습기 차서
부풀어 오른 식빵처럼
찌든 먼지들이
덧칠하고 또 덧칠해져서
온몸이 스펀지처럼 푹신거린 날들의
연속이었다

정지
나는 길 위에
서 있었다

어디에선가
한 줄기 싱싱한 봄바람이
불어와서
심폐소생술로 숨통을 터주었다

봄바람 · 2

한 줌 봄바람
한 숨에 태워 보내니
홀가분하다

봄바람·3

나뭇잎이 소란을 떨고
벚꽃 파도가 일어난다
나도 너도 일어나
노도, 격랑이 된다
세상이 뒤집힐 것 같다

봄길

온기 넣었으니
꽃길 걸으면서
사는 이야기 나누면서
울고 웃으면서
허리 꼿꼿하게 세우고
걸어보라 한다

그루터기

나이테가 늘어갈수록
배불뚝이가 되는
땅딸보의
키 작은 사랑

요술 램프

어스름한 저녁
비행기의 굉음
나를 에워싼 서늘함

알 수 없는 적막 속에서
불러보는 지니
나만의 요술 램프

사는 이야기

봄바람에 내 깊은 한 숨 바람을 보태어 바라보기
벚꽃 벗삼아 걷기
달무리 지는 밤하늘에 나를 적셔보기
가슴에 별 하나 심어보기
주룩주룩 장대비에 젖어보기
차 한 잔과 마주앉아 보기
소소한 일상의 메모를 곁에 두기
나의 뒷모습을 음미하기
새벽 일출 조명 아래에서 달리기
묵묵한 미소로 살기

가을 소묘

보이지 않는 칼부림
허공에서 목놓아 불러대는
그 팽팽한 바이올린 선율의 떨림

흐트러진 소리가
휘둘러대는 활에 깊은 상처 입으면
찢어진 가슴에서
맑은 피가 움쭉 솟구친다

슬픔이 물든 낙엽도
눈물처럼 바짝 말라
그 무게를 떨구어낸다

젖은 눈물과
마른 눈물이
혼재된 가을은
어디에도 갈 줄을 모른다

질주 본능

모퉁이 바람이 불어와
귓속말을 불어넣는다
얼굴 위로 땅거미가 지고
함초롬한 불빛이 껌벅거린다
밤을 가로지르는 가로등불

그 침묵 속으로 빠져드는
질주 본능

삶

우연과 필연이
날실과 씨실처럼
얽히고설키고

선연과 악연이
밀물과 썰물처럼
왔다가 갔다가

분주한 허무를
돌고 도는
수레바퀴

인연

벚꽃은 한때 벗하기 좋고
장미는 한순간 유혹당하기 좋다
해바라기는 바라보기 좋고
라일락은 밤공기에 실려오는 향기가 좋다
튤립은 정갈한 매무새가 리본 달린 선물 같다

때가 되면
꽃이 시들고

꽃처럼 제각각 인연들도
산산이 흩어진다

흩어져
허무한 먼지처럼
떠돌아다닌다

우주 악보

달과 별에서
흩어진 빛들이
어둠이 내린 파도를 탄다
느리게, 여리게 곧 세게, 매우 여리게,
다시 시작으로 가서, 점점 세게, 느리고 침착하게

삶도 인연도
우주의 악보대로
흘러간다

우주 악보

오늘 문득 우주 악보 한 리듬이
나를 깨운다
나를 두드린다

풀

섧은 별이
흔들거리는 밤에도

코가 막힌 것처럼
먹먹한 대낮에도

연실 불어대는
무정한 바람에
풀은 헝클어졌다

마실 나온 세 살배기
그 고사리손으로
헝클어진 풀 가닥을
세어주는 것이었다

우주의 먼지

우리 은하의 너비는 약 10만 광년
우리 은하 중심에서 태양까지 거리는 약 3만 광년
태양의 빛이 지구에 도달하는 시간은 약 8분 19초

10만 광년의 빛이
3만 광년의 거리에 태양을 두고
태양은 8분 19초에 가 닿을 수 있도록
지구를 두었다

10만 광년의 티끌
먼지 하나는
그 속에서
잘나고, 못나고, 웃고, 울고, 기쁘고, 슬프고

이 모든 것들이
텅 비어서
허공에 떠 다니는

창백하고 푸른
한낱 먼지 하나

연기처럼
사라지는

톱니바퀴

파리 센 강에서 만난
낯선 이의 친절이
작은 선물이 되어
세상에 뿌려진다

노르웨이에서의 기도가
밤하늘의 오로라를 타고 와
가슴마다 스미고

에티오피아의 커피콩으로
지구 곳곳에서 아침 냄새를 맡고

오늘 여기에 내린 비가 증발해서
내일 거기에서도 내린다

어제 거기에 불었던 바람이
오늘 여기에서 불고 있다

모르는 사이에
맞물려 돌고 있는

나는 너
너는 나

지구 · 1

새까만 도화지에
보일 듯 말 듯한
티끌 하나

천문학자 칼 세이건은
창백한 푸른 점이라고 했다

죽음으로 완성되는
창백하고 푸른 낯빛의 지구인들이

얼기설기
먼지 일으키며
살아가는

지구·2

햇빛에 떠다니는 먼지
하지만
인류 최초의 핏줄

민들레 홀씨처럼
불면
날아갈 것 같은

코코

한 발 다가가면
한 발 물러서고
손 잡으면 뿌리치면서

닫힌 문 앞에서는
오매불망
집사를 기다리는
코코

방 한 구석에서
2층 침대에서
웅크리고 앉아
집사를 응시면서

멀어지면
다가와 얼굴 비비고
다가가면
생채기 내고 시치미 떼는

자신만의 공간을 찾아 헤매는
코코

감탄

너의 점과 나의 점을
잇고 있는 끈

나는 나도 너도 아니고
너는 너도 나도 아니고

우리는 상호작용의 끈으로
이어져 있었고
우리의 씨실은 진동했다

텅 비어 있는
하얀 세상과 조우할 때마다
감탄했고

감탄할 때마다
세상이 리셋 되었다

수호천사의 날갯짓으로
순수 전자들은 날아올랐다

점 잇기

밤하늘의 수많은
점들을 이어서 만든
별자리

별자리마다
품고 있는
그들의 이야기

밤하늘의
점들을 이어서
손가락 끝으로
나의 별자리를
그려본다

대나무

바람이 때린다

대나무는
밤새 몸을 가누지 못하고
허리를 휘청휘청이며
바람을 맞고

장대비를
피리 소리로
쏟아낸다

석탄과 다이아몬드

똑같은 탄소로
석탄은 암흑처럼 시꺼멓고
다이아몬드는 투명하게 빛난다

소용의 석탄과
무용의 다이아몬드

다이아몬드는 무용으로 빛나고,
소용의 석탄은 갈아 없어진다

제3부

시집 평설

■ 시집 평설

시법과 시법에의 충실 돋보여

박 진 환
(문학평론가)

1. 전제

90편의 시를 2부에 나누어 수록한 시집 『우주 악보』는 박선희 시인이 등단 이래 내놓는 첫 시집이다. 그래서 시력 20여 년의 시역이 고스란히 담겨 있다고 할 수 있다. 습작기에서 등단 이후에도 중단됨 없이 지속해 오면서 쓴 90편의 시는 그래서 박선희 시인의 시의 모든 것을 보여준 것이 된다.

수록 시를 일별 하면서 먼저 와닿는 것은 시인의 우주 감정이랄까, 별과의 조우랄까가 환기시켜 주는 우주와의 교감이었다.

시집 제목 『우주 악보』가 암시해 주듯 시인의 우주 감정은 시 '별바라기', '나무와 별과 울림', '우주의 먼지' 등의 시편들에 잘 드러나고 있는데 시 「8분 19초」의 4연 '너를 바라보면서/나와 교감한다'는 시적 진술이나 시 「우주 악보」에서의 종연 '오늘 문득 우주 악보 한 리듬이/나를 깨운다/나를 두드린다' 등에서 읽을 수 있는 '우주 악보'로 제시된 리듬이 화자를 깨우고, 두드린다는 진술로 우주 감정의 일단을 보여주고 있다.

또 하나 와닿는 것이 존재론적 파악에서 발상한 즉자와 대자 관계를 통한 존재의 확인이나 실존으로서의 실재나 존재 구현으로서의 존재 의식이다. 존재의 근원적 파악이나 실존의 현현을 통한 존재 인식 등은 현대문학이 존재 탐구에서 출발했다는 점과 무관하지 않을 듯싶다.

그리고 다른 하나는 박선희의 시적 발상이 매우 지적이라는 점이다. 한마디로 뭉뚱그려 말할 수는 없지만, 지적 조작으로서의 순발력에 의존하는가 하면 나름의 시법이랄까, 양극화·편과 같은 현대시법에서 시를 출발시키고 있다는 점도 간과할 수만은 없을 듯싶다.

특히 매우 재빠른 지적 순발력이 이끌어내는 지적 광채가 단형시의 단조로움 속에서도 발산되고 있는 점은 단순한 미니멀리즘이 아닌 어떤 시적 확신이랄까, 시적 신념에서 시를 출발시킨 소신으로 여겨져 방점이 찍힐만하다고 보여진다.

특히 위트의 순발력이랄까, 재빠른 이동과 전환의 재치랄

까가 대상을 재단해 내는 커팅의 솜씨를 잘 드러내고 있다는 점을 추가하지 않을 수 없을 것으로 여겨지는데 이점 시를 제시 구체화했을 때 더 극명하게 드러날 것으로 여겨진다.

특히 많은 시집들이 극복하지 못하고 있는 시류성 아니면 자기 시법이 없는 타성으로 씌어지고 있는 시학 부재의 시대에 나름의 시법에서 시를 출발시키고 있다는 점은 간과할 수 없을 것으로 여겨진다.

이상 전제로 제시된 부분들을 시를 제시, 구체화했을 때 박선희 시인의 시집 『우주 악보』의 시적 위상은 설정될 수 있을 것으로 여겨진다.

2. 우주 감정과 교감성

전제에서 지적했듯이 시집 『우주 악보』가 펼쳐준 첫 페이지에는 우주 감정의 시편들을 진열해야 할 듯싶다. 그것은 『우주 악보』가 우주 감정과의 교감을 통한 메아리로 감기면서 감각 상호 간의 호소력으로 시적 형상화에 기여하고 있기 때문이다. 먼저 시를 제시해 본다.

　　새벽 4시 30분께
　　주섬주섬 챙기고
　　빠른 손놀림으로 화장을 하고
　　서둘러 현관을 나선다

대문을 열자마자
계주 선수가 돼
바톤 대신 가방 손잡이를 들고
30번 마을 버스를 향해
숨가쁘게 질주한다

예시는 수록 시 「별바라기」의 전반부이다. 화자는 새벽 4시 30분께 일어나 서둘러 마을버스를 타고 출근하는 직장인이다. 대문을 나서자마자 계주 선수가 되어 바톤 대신 가방 손잡이를 들고 숨가쁘게 질주하는 계주자가 된다. 마을버스의 문이 닫히자마자 버스는 달리고, 차창에 별들의 계주가 펼쳐진다. 여기에서 출근하는 직장인의 계주와 별들의 계주는 병렬되는데 출근길의 계주와 별들의 계주가 오버랩되면서 양극화를 성립시킨다. 매우 재치 있고 재빠른 위트의 순발력 작동이 가져다준 일종의 병치다. 이러한 계주는 시의 종연이 말해 주듯 '나날들이/어스름하게/내달리는/내 삶의 계주였다'고 생의 계주로 연계되면서 삶의 현장으로서의 계주와 별들의 계주라고 하는 천상과 지상의 계주로 오버랩된다.

매우 돋보이는 발상이고, 발상의 전환이며 재빠른 순발력이 방출하는 위트의 광체를 체험하게 하는데 이를 두고 뉴크리티시즘에서는 지적 조작이라 한다. 이른바 휠라이트가 지적한 '지적 광체'와 같은 맥락성의 것이다.

별바라기로
지새운 밤

별은 영원에 있었고
울림으로 가 닿기를 바라는
영원은 천상의 길

별은 아스라한
영원의 저쪽

기도로 지새운 밤이
내 영혼으로 가 닿을

　예시는 수록 시 「나무와 별과 울림」 의 전문이다. 앞의 예시가 형이상학적 지상적 삶의 천상적 상승의 연결고리로 양극화했다면 예시는 별을 통한 '천상의 길' 열기로 이어진다. 천상과 지상을 잇대이고자 하는 '영원 저쪽'에의 지향이다. 지상적 삶의 계주라는 상대적 개념이 질주를 통한 치열성을 요구했다면 '영원'에의 지향은 화자가 기도로 가닿고자 한 영원에의 상승 지향을 제시한 것이 된다.
　'별바라기', '별과 영원', '영원과 영혼'에서 읽을 수 있는 천상적 이미지는 앞의 예시가 지상적 삶을 통한 천상에의 우주

적 감정에서 발상한 것이었다면 뒤의 시는 천상적 영원성에 지상적 삶을 잇대이는 형이상적 지향에 값하게 된다.

여기에서 박선희 시인의 삶의 현장성으로서의 '계주'는 천상적 영원에의 영혼 지향으로 이동되게 되는데 우주 감정에의 적극화, 우주 감정에의 울림이라는 '우주 악보'에 값하게 되는 형이상적 시의 지향을 보여준 것이 된다. 곧 시집 제목이 암시하는 『우주 악보』의 울림을 들을 수 있다는 뜻이다.

3. 존재의 실존적 파악

또 하나의 시역이 우주 감정이나 교감과는 달리 지상적 존재 파악이다. 자아의 발견을 통한 실존의 확인이랄까, 즉자를 통한 대자의 추구라고나 할까, 스스로의 존재에의 탐구를 제시하고 있는데 시 「다중의 나」는 존재 탐구의 단초를 제시해주고 있다.

> 거울에 반사된 나
> 사진 속의 나
> 타인 속의 나
> 혼자, 무수히 많은 나
>
> 나를 한 번도 제대로 본 적이 없는 나
> 내 모습이 보고 싶은 나

예시는 수록시 「다중의 나」 전문이다. '나'에 대한 의문의 제기, '나'에 대한 존재성 확인, 단독자 의식이 제기하는 다중 속의 자아의식이 발상으로 작용한 존재에의 발견은 자아에 대한 의문에서 비롯된다. '거울 속'의 자아, '사진 속'의 자아, '타인'속의 나를 통해 스스로의 모습, 곧 스스로의 존재성은 무엇인가에 대한 의문에서 비롯된 자아 찾기이다.

'한 번도 제대로 본 적이 없는 나', 그래서 보고 싶은 스스로의 모습이 제기하고 있는 존재 탐구는 '고요'의 산물이다. '고요'의 깊이에 투영된 자아, 존재의 허무와 깊이를 알 수 없는 허무의 깊이에서 스스로를 건져 올리고자 하는 자아는 존재와 존재 사이에 깊이 패여 있는 틈새가 있다는 자각에 이르게 된다. 그리고 그 틈새가 존재하는 한, 틈새를 메울 수 없는 스스로는 단독자가 될 수밖에 없다는 것을 알게 되고 그것은 단독자라는 피투된 우연의 존재를 필연화했을 때만이 가능하다는 존재의 확인 내지는 진단에 이르게 된다.

시 「고요」는 이를 잘 말해주고 있는, 박선희 시인의 존재 의식이랄까, 존재론을 들여다볼 수 있는 좋은 예시가 될 것으로 보여져 제시한다.

    고요의 깊이를 알 수 없다
    어떻게 가닿을 수 있을까

>   존재의 허무도 깊이를 알 수 없다
>   알 수 있는 것은 허무 자체
>
>   존재와 존재 사이의
>   틈새의 깊이 또한 알 수 없다
>
>   존재와 존재의 이음새인
>   필연의 눈금만이 알 수 있다
>
>   고요
>   그 깊이에서 척도 되는

예시는 「고요」의 전문이다. 시의 모두는 고요의 깊이를 알 수 없다고 제시하면서 '어떻게 가늠할 수 있을까'로 설의한다. 그러면서 '고요'는 고요가 아닌 고요의 깊이에 빠져 있는 '나'를 투영, 발견하고자 하는 존재의 탐구로 이동된다. 이 동된 탐구는 존재의 허무를 터득하게 되고 존재의 허무는 존재와 존재 사이에 깊이 파인 골을 메워 존재와 존재의 동일성을 획득했을 때만이 허무에서 일탈할 수 있다는 사실로 이어진다. 일종의 존재의 피투성으로서의 우연과 필연성으로서의 대자성을 획득함으로써 존재의 허무는 극복될 수 있다는 존재론에 이르게 된다. 그리고 이러한 존재의 필연성 획득은

'고요/그 깊이에서 척도된다'는 사실을 깨닫게 해준다.

이른바 존재의 우연성, 필연성, 즉자성, 대자성, 피투성과 같은 존재의 성립 조건들을 터득하게 함으로써 자아의 발견과 함께 실존에 이른다는 등식의 존재론을 제시하고 있다. 이러한 존재론에서 시를 출발시킨 것은 현대문학이 존재의 탐구를 통한 존재의 현현이라는 실존에의 충실이라는 점에서 방점이 찍힐만하다.

4. 지적 조작과 위트의 순발력

현대시법에서 위트의 순발력에 의해 획득해내는 지적 광체는 지적 조작의 시법의 산물로 보고 있다. 위트의 이동과 전환을 통한 재빠른 순발력이 일으키는 스파크로서의 지적 광체는 현대시법의 중심에 놓을 수 있는 시학이다. 박선희 시인이 즐겨 원용하고 있는 위트의 순발력과 순발력에 의해 커팅되는 재단과 재단한 컷의 재구성은 신선하다. 수록시를 미니멀리즘의 산물이라 할만큼 단시형식을 빌어 재구성한 형상화는 관념의 나열이나 정서의 유희로서는 획득할 수 없는 시법이란 점에서 방점을 찍을 수 있을 것으로 여겨진다.

시를 제시했을 때 이해를 도울 것으로 본다.

꽃은 두 번 핀다

한 번은 생명으로 꽃잎 할 때
또, 한 번은 낙화로 꽃잎 할 때

필 때, 질 때

죽음으로써 삶을 건져 올리는
개화와
낙화
　　　　　　　　　－「필 때, 질 때」전문

봄은
꽃잎으로 펼쳐 보여주는
봄(see)의 계절

봄(see)의 순리를
보여주기 위해
찾아오는 계절

봄에는
봄(see)
봄날은 온다
　　　　　　　　　－「봄날은 온다」전문

기억 위를 걷다 보면
너는
바람이고
비이고
눈이고
낙엽이고
꽃잎이었다

− 「향수」 전문

 예시 「필 때 질 때」는 발상이 신선하다. 꽃은 두 번 핀다를 '한 번은 필 때', '한 번은 질 때'로 양극화하면서 이를 단순한 꽃의 개화에서 찾지 않고 삶과 죽음으로 확대, 광역화시킨다. '삶으로써 죽음을 건져 올릴 때'의 삶은 한 번의 개화다. '죽음으로써 삶을 건져 올릴 때'를 다시 한번 개화하는 것으로 이동해 내는 발상의 선도는 컨시트에 값할 만하다.
 특히 위트의 순발력에 의탁, 재빠른 이동으로 병치와 치환을 성립시켜 지적 광체를 체험하게 해주고 있는데 살만하다고 본다.
 예시 「봄날은 온다」도 발상이 신선하다. 고정관념이나 통념으로 '봄날은 간다'이다. 이를 도착시켜 '봄날을 본다'로 이동시켜 봄을 본다는 시력 see로 이동시켜 pun을 성립시킨 재치도 컨시트에 값한다. '봄날은 간다'를 '본다'는 see로 연계시켜 계절을 시력으로 이동하는 양극화로 병치시킨 양극화도 살만하다고 본다.

끝으로 예시 「향수」에서 '기억'을 향수의 전제로 깔아놓고 바람이 환기시키는 향수, 비와는 낙엽이 환기시키는 회상 공간을 설정, 향수라는 감정 이입으로 연계시키는 발상도, 공간 활용도와 순발력도 좋다. 특히 예시들의 단시 형식으로서의 10행 이내의 시행에 컨시트·양극화·편과 같은 지적 조작을 레토릭으로 구사하고 있는 점에서 보면 정서의 유희나 관념유희와는 차원을 달리하고 있다고 여겨져 방점이 찍힐만 하다고 본다.

5. 결어

이상의 진술들은 박선희 시인의 시집 『우주 악보』를 조명해 본 것으로서 결론은 이 시집이 보여주고 있는 세 시역으로 현대시의 지향을 시법에의 충실로 실천해주고 있다는 점에 방점을 찍을 수 있다.

시법·시학·레토릭이 없는 시대에 이만큼의 시학에 근거했다면 박수에 값할 수 있을 것으로 보여지기 때문이다.

우주 악보

2024년 8월 30일 인쇄
2024년 9월 10일 발행

지은이 / 박선희
발행인 / 박진환
펴낸곳 / 조선문학사
등록번호 / 1-2733
주소 / 03730 서울 서대문구 통일로 389(홍제동)
대표전화 / 02-730-2255
팩스 / 02-723-9373
E-mail / chosunmh2@daum.net

ISBN 979-11-6354-308-4

정가 10,000원

* 인지는 저자와 합의 하에 생략
* 잘못된 책은 서점에서 교환해 드립니다.